ALPINE
KÜCHE

HOLEN SIE SICH DIE BERGE AUF DEN TELLER

Die Rezepte sind, wenn nicht anders angegeben, für zwei Personen berechnet.

HERZHAFTE VERSUCHUNGEN

Kaspress-knödel

4 Portionen

250 g Knödelbrot (oder altbackene Semmeln)
0,2 l Milch
1 EL Butterschmalz
1 Zwiebel
1 Bund Petersilie
2 Eier
150 g Bergkäse, gerieben
Salz, Pfeffer, Muskatnuss
2 ½ EL Butterschmalz

Zwiebel und Petersilie fein hacken. 1 EL Butterschmalz (oder Butter) in einer Pfanne erwärmen und die Zwiebelwürfel bei niedriger Temperatur glasig anschwitzen. Petersilie dazugeben und 2 Minuten mitbraten.

Milch erwärmen und über das Knödelbrot gießen. Mit der Zwiebelmischung vermengen und 15 Minuten rasten lassen. Dann den Käse, die Eier und die Gewürze gut mit dem Knödelbrot vermischen.

Aus der Masse zunächst Kugeln formen und diese dann mit der Hand gleichmäßig flachdrücken (daher der Name!). Butterschmalz (oder Öl) in einer Pfanne erhitzen und die Kaspressknödel darin langsam herausbacken. Entweder mit einem bunten Salat oder in heißer Rindsuppe servieren.

Hühnerleber mit Waldbeeren

200–300 g Hühnerleber
je 1 EL Butter und Öl
1 Handvoll Schwarze Ribiseln oder Brombeeren
6 EL Olivenöl
2 EL Weinessig
1 TL Zucker
1 Handvoll Himbeeren
100 g Wildkräuter oder Pflücksalate
Salz, Pfeffer

Die Hühnerleber von den Sehnen befreien. Es sollten möglichst große Stücke sein. In einer beschichteten Pfanne Butter und Öl erhitzen und die Lebern beidseitig 2-3 Minuten anbraten. Achtung: Bitte keinesfalls salzen! Die Lebern auf einen Teller geben und 10-15 Minuten im vorgeheizten Backrohr bei 80 °C Ober- und Unterhitze rasten lassen.

Die Schwarzen Ribiseln (bzw. Johannisbeeren) in einer Schüssel mit der Gabel zerdrücken. Gemeinsam mit Olivenöl, Essig, Zucker, Salz und Pfeffer zu einer Marinade verrühren.

Salat waschen und trockenschleudern. Mit ⅔ der Beerenvinaigrette marinieren und auf zwei Teller verteilen. Die Hühnerlebern vorsichtig in dünne Scheiben schneiden und auf dem Salat anrichten. Salzen, pfeffern, mit den Himbeeren garnieren und mit der restlichen Marinade beträufeln.

Selbstverständlich können Sie auch Beeren verwenden, die Ihnen bei einem Spaziergang oder einer Wanderung in die Hände fallen oder die Sie beim Einkauf „anlachen".

Deftige Bohnensuppe

4 Portionen

1 Dose Bohnen (400 g)
2–3 Karotten
¼ Sellerieknolle
1 Petersilienwurzel
1 Zwiebel
150 g Kaiserfleisch (oder Selchfleisch)
2 EL Schweineschmalz oder Öl
1 ½ l Rindsuppe oder Wasser
Salz, Pfeffer
1 Bund Petersilie

Die Bohnen abseihen und mit kaltem Wasser abspülen. Zwiebel, Karotten, Sellerie und Petersilienwurzel zuputzen und kleinwürfelig schneiden. Das Selchfleisch ebenfalls würfelig schneiden. Von der Petersilie die Stängel klein schneiden und das Kraut grob hacken.

In einer Kasserolle Fett erhitzen und die Zwiebelwürfel sowie die Petersilienstängel darin glasig anlaufen lassen. Das Gemüse dazugeben, kräftig salzen und pfeffern. Mit Suppe oder Wasser aufgießen und 20 Minuten kochen.

Fleisch und Bohnen zur Suppe geben und weitere 5 Minuten kochen. Das gehackte Petersilienkraut zum Schluss in die Suppe rühren und noch ein paar Minuten ziehen lassen.

Kräftiger Suppentopf

4–6 Portionen

1 kg Rindfleisch (Schulterscherzel, Beinfleisch)
einige Kalbs- bzw. Markknochen
2 Lorbeerblätter, je 10 Wacholderbeeren und Pfefferkörner
1 Zwiebel (mit Schale)
Liebstöckel, Salz
½ Sellerie
2 Petersilienwurzeln
3 Karotten
½ Stange Lauch
200 g Suppennudeln
Schnittlauch

Fleisch und Knochen abspülen und in einem großen Topf mit 3-4 Liter Wasser zum Kochen bringen. In den ersten 10 Minuten den aufsteigenden Schaum abschöpfen, danach alle Gewürze und die Zwiebel hinzufügen. Insgesamt ca. 1 ¾ Stunden bei schwacher Hitze kochen. Währenddessen das Suppengemüse zuputzen, in grobe Stücke schneiden und erst in der letzten Viertelstunde mitkochen.

Das Rindfleisch aus der Suppe nehmen, mit Folie abdecken und 10 Minuten rasten lassen.

In der Zwischenzeit die Nudeln bissfest kochen. Das Fleisch in mundgerechte Stücke schneiden und in Suppenteller geben. Mit Suppe, Gemüse sowie Nudeln anrichten und großzügig mit frischem Schnittlauch bestreuen.

Räucher-forelle auf Linsensalat

1 geräucherte Forelle, filetiert
1 Tasse Linsen (Beluga- oder Berglinsen)
1 rote Zwiebel
1 Rote Rübe, gekocht und geschält
Pflücksalat zum Anrichten
2 EL Aceto balsamico
3 EL Olivenöl
½ Bio-Zitrone
Salz, Pfeffer

Die Linsen mit kaltem Wasser abspülen und nach Packungsanweisung bissfest kochen. Abseihen, mit kaltem Wasser abschrecken und auskühlen lassen.

Eine halbe Zwiebel in Ringe schneiden. In einer kleinen Pfanne mit 1 EL Aceto balsamico weichdünsten und auskühlen lassen.

Die zweite Zwiebelhälfte kleinwürfelig schneiden, mit den Linsen vermischen, salzen, pfeffern und mit 1 EL Aceto balsamico und 2 EL Olivenöl marinieren.

Die Rote Rübe in dünne Scheiben schneiden, auf ein paar Blättern Salat (oder Rote Rüben-Blättern - wie im Bild) anrichten. Darüber den Linsensalat und dann die Forelle geben. Etwas abgeriebene Zitronenschale, ausgepressten Zitronensaft sowie 1 EL Olivenöl über den Salat verteilen. Mit den Balsamico-Zwiebelringen garnieren.

Von Fischen und Bergen

Forelle, Saibling, Reinanke & Co. werden in alpinen Gewässern von Anfang an verwöhnt: Reinstes Wasser und viel Zeit zum Wachsen erfreuen nicht nur den Fisch, sondern später auch den Gaumen.

Regionalität und Nachhaltigkeit schmeckt man eben, egal, ob aus Wildkultur oder Fischzucht. Frisch, geräuchert oder gebeizt – heimischer Fisch ist ein wertvolles und gesundes Lebensmittel, das aus der alpinen Küche nicht wegzudenken ist.

Brot mit Ei und Speck

4 Scheiben Sauerteigbrot (weiß oder schwarz)
2 Handvoll Spinat oder Wildkräuter
3 Eier
3 EL Milch oder Schlagobers
1 TL Butter
2 EL Olivenöl
4 Scheiben Bauchspeck
1 Knoblauchzehe
Salz, Pfeffer, Muskatnuss
Schnittlauch und/oder essbare Blüten

Die Speckscheiben auf ein mit Backpapier belegtes Blech legen und bei 200 °C Ober- und Unterhitze im vorgeheizten Backrohr backen, bis sie knusprig sind. Den Speck zur Seite stellen. Die Brotscheiben auf dasselbe Blech legen und im noch heißen Backrohr knusprig toasten.

Währenddessen in einer Pfanne 1 EL Olivenöl erhitzen und die geschälte Knoblauchzehe darin anrösten. Aus der Pfanne nehmen, die Temperatur zurücknehmen und den gewaschenen, abgetropften Spinat in die Pfanne geben. Salzen, pfeffern und etwas Muskatnuss darüber reiben, nach 2–3 Minuten fällt der Spinat zusammen und ist fertig.

Eier mit Milch, Salz und Pfeffer verquirlen. In einer Pfanne Butter erhitzen und die Eimischung hineingeben. Die Temperatur zurücknehmen und die Eierspeise gut durchrühren. So gart sie langsam und bleibt schön weich.

Die Brotscheiben mit Olivenöl beträufeln, Spinat, Eierspeise und den Speck darauf verteilen und mit Schnittlauch oder ein paar Blüten aus Garten oder Wiese bestreuen.

Sellerie-Erdäpfel-Suppe

4 Portionen

1 Sellerieknolle
2 große, mehlige Erdäpfel
1 Zwiebel
⅛ l Schlagobers
1 EL Butter
4 dünne Scheiben Schinkenspeck
Salz, Pfeffer, Muskatnuss
Thymian

Die Zwiebel würfelig schneiden. Sellerie und Erdäpfel schälen und in grobe Würfel schneiden. In einer Kasserolle die Butter schmelzen und die Zwiebelwürfel darin glasig anschwitzen. Das Gemüse und zwei Thymianzweige dazugeben, kräftig salzen und mit Wasser aufgießen, bis das Gemüse bedeckt ist. Auf niedriger Flamme zugedeckt 20 Minuten köcheln lassen.

Währenddessen den Schinkenspeck auf ein mit Backpapier belegtes Blech legen und im vorgeheizten Backrohr bei 200 °C Ober- und Unterhitze 15–20 Minuten knusprig backen. Aus dem Rohr nehmen, abkühlen lassen und in grobe Stücke teilen.

Die Suppe mit dem Pürierstab oder im Standmixer gemeinsam mit dem Schlagobers pürieren, mit Salz, Pfeffer und etwas Muskatnuss abschmecken. Mit Speck und gerebeltem Thymian garnieren.

VOM
GESCHMACK
DES
SOMMERS

Selbstgemachte Säfte, Marmeladen und Kompotte stehen heute wieder hoch im Kurs. Erstens schmecken sie viel besser als industriell gefertigte Produkte und zweitens lässt sich das sommerliche Überangebot an Früchten auf diese Weise gut verwerten.

Spart Geld. Macht Freude.

Zugegeben, auch ein wenig Arbeit. Aber der köstliche Duft von Selbstgemachtem entschädigt fürs Zupfen, Schneiden und Kochen. Das Ergebnis – abgefüllt in hübschen Gläsern und Flaschen – sowieso.

Ein Traum in Rot

Keine Sorge, Ribiselsaft lässt sich auch ohne Entsafter herstellen. Die Früchte abrebeln, waschen und wiegen. Pro kg Ribisel ½ l Wasser mit den Ribiseln 5 Minuten kochen, mit 1 kg Sirupzucker vermischen und über Nacht kühlstellen. Den Saft durch die Flotte Lotte (= Passiermühle) drehen, abseihen, nochmals aufkochen, noch heiß in sterile Flaschen füllen und verschließen. Den Sirup gekühlt lagern. 1:4 oder 1:6 mit Wasser oder Soda aufgießen.

Statt Sirupzucker können sie auch herkömmlichen Kristallzucker verwenden und eventuell mit 1 TL Einsiedehilfe ergänzen.

Ein Sommer wie damals

Kräutersirupe sind nicht nur für Getränke eine tolle Sache, sondern auch zum Marinieren von Früchten oder als Würze für ausgefallene Salate.

Es grünt so grün

Versuchen Sie es mit Rosmarin, Salbei, Oregano oder einer Kräutermischung. Sie werden überrascht sein, welch intensive Geschmacksvariationen dabei entstehen.

Einen großen Bund Kräuter (im Bild sehen Sie Minze und Thymian) mit 2 in Scheiben geschnittenen Bio-Zitronen und 50 g Zitronensäure in ein großes Glas geben, mit 3 l Wasser übergießen. Mit einem Teller bedecken und 24 Stunden ziehen lassen. Flüssigkeit durch ein Tuch abseihen, mit 3 kg Zucker vermischen und 3 Minuten kochen. In sterile Flaschen füllen und verschließen. Gekühlt lagern.

Mmmhmarmelade

In selbstgemachter Marmelade lässt sich die Obstsaison wunderbar einfangen. Ob auf dem Butterbrot, mit Joghurt oder Topfen vermischt, für Mehlspeisen oder gar als feine Ergänzung zu Käse – Marmelade ist immer mmmhm!

Zum Einkochen verwende ich nur vollreifes und einwandfreies Obst, denn eine einzelne verdorbene Frucht könnte die ganze Arbeit zunichte machen. Weiters ist peinliche Sauberkeit ein Muss: Gläser, Deckel, Schöpflöffel und Trichter sterilisiere ich vor dem Befüllen (10 Minuten in Wasser mit einem Schuss Essig kochen, so legt sich kein Kalk an).

Es muss nicht immer Marille sein

Aber ohne Marille ist die Einkochsaison nicht komplett, meint meine Familie. Und hat recht. Wichtig ist, dass Sie die richtige Sorte verarbeiten und dass die Früchte wirklich vollreif sind. Auch ungekocht sollten sie bereits ihren vollen Geschmack entfalten, dann lohnt der Aufwand.

1 kg Marillen waschen, entkernen, in kleine Stücke schneiden und in einem Topf mit 2–3 EL Wasser und der passenden Menge Gelierzucker (1:1 oder 1:2) zum Kochen bringen. 5–8 Minuten leicht sprudelnd kochen lassen und laufend umrühren. Gelierprobe machen und die Masse in sterile Schraubgläser abfüllen. Diese etwa ½ Stunde auf den Kopf stellen, bis die Masse abgekühlt ist, dann wieder umdrehen.

Mischen possible

Ich koche Marillen gerne mit Stachelbeeren ein. Überhaupt verwende ich gerne kleine wie große Mengen Beeren. Ob pur oder gemischt mit anderen Früchten – das Ergebnis schmeckt köstlich nach Sommer.

Fein, feiner, am feinsten

Sie mögen keine Fruchtstücke in der Marmelade? Zerkleinern Sie das Obst besser mit dem Messer und nicht mit dem Stabmixer. Beim Pürieren findet nämlich ein Oxidationsprozess statt und dadurch verliert der Geschmack an Frische.

Auf die Probe gestellt

Für die Gelierprobe einen Kaffeelöffel der Masse auf einen Teller geben und prüfen, ob sie stockt. Das erkennt man daran, dass sich ein Häutchen bildet.

Wussten Sie eigentlich ...

Der Begriff „Marmelade" kommt ursprünglich von der Quitte (portugiesisch „marmelo"), die auch als Honigapfel bezeichnet wurde, und bedeutet ursprünglich Quittenmus. Das wäre doch ein guter Grund, sich dieser Frucht einmal „marmeladig" zu widmen, oder?

FÜR HUNGRIGE

Kasnocken

250 g Mehl
je 0,1 l Milch und Wasser
1 Ei
1 ½ Zwiebeln
1 ½ EL Butter
200 g Bergkäse
Salz, Pfeffer
Schnittlauch

Mehl, Milch, Wasser, Ei und ½ TL Salz miteinander verrühren. Ist der Teig zu flüssig, noch etwas Mehl dazugeben. Ist er zu fest, noch etwas Wasser.

In einem großen Topf Wasser mit 1 EL Salz zum Kochen bringen.
Eine Nockerlreibe bzw. ein Spätzlesieb auf den Topf setzen und den Teig flott durchdrücken. Die Temperatur etwas zurücknehmen, denn das Wasser sollte nicht sprudeln, sondern nur sanft köcheln. Sobald die Nockerl an die Oberfläche steigen, diese abgießen und mit kaltem Wasser abschrecken.

Die ganze Zwiebel in Würfel schneiden und die halbe in (halbe) Ringe.
Den Käse reiben. Die Zwiebelringe in ½ EL Butter bräunen. Restliche Butter in einer Pfanne erwärmen und die Zwiebelwürfel darin glasig dünsten.
Die Nockerl hinzufügen und kräftig anbraten. Sobald sie Farbe genommen haben, die Temperatur zurücknehmen und den Käse hinzufügen.
Gut verrühren, bis der Käse geschmolzen ist. Mit den Zwiebelringen und etwas Schnittlauch servieren.

Spinatknödel

4 Portionen

300 g Knödelbrot
200 g Spinat
2 Eier
50 g Bergkäse, gerieben
Salz, Pfeffer, Muskatnuss

zum Servieren:
100 g Butter
2 EL geriebener Bergkäse oder Parmesan

Spinat waschen und kurz in Salzwasser blanchieren, abgießen und mit kaltem Wasser abschrecken. Sie können auch tiefgefrorenen Spinat nehmen (etwa 300 g) und diesen (rechtzeitig!) auftauen.

Den Spinat gut ausdrücken und grob hacken. Mit Eiern, Knödelbrot (oder altbackenen, würfelig geschnittenen Semmeln) und Käse gut durchmischen. Mit Salz, Pfeffer und etwas geriebener Muskatnuss würzen und 20 Minuten rasten lassen.

Aus der Masse handliche Knödel formen. In einem flachen Topf gesalzenes Wasser zum Kochen bringen und die Knödel einlegen. Im leicht wallenden Wasser ca. 10 Minuten kochen, bis die Knödel aufsteigen.

In der Zwischenzeit Butter in einem kleinen Pfännchen aufschäumen und leicht bräunen. Die Knödel abtropfen lassen und mit Butter und geriebenem Käse servieren.

Die fertigen (ungekochten) Knödel lassen sich hervorragend einfrieren.

Blunze mit Maroni und Walnüssen

2 Blunzen (Blutwürste)
1 EL Speiseöl oder Butterschmalz

für die Sauce:
je eine Handvoll Maroni und Walnüsse
1 Schalotte oder kleine Zwiebel
1 EL Butter
1 TL Dijon-Senf
$\frac{1}{16}$ l Wein
$\frac{1}{16}$ l Suppe oder Wasser
0,2 l Schlagobers
Salz, Pfeffer
einige Thymianzweige

Die Schalotte fein schneiden und in Butter glasig anschwitzen. Mit Wein und Wasser ablöschen. Senf und Schlagobers einrühren und die Thymianzweige dazugeben. 5-10 Minuten sanft köcheln lassen; danach die Maroni und Walnusskerne zugeben und in der warmen Sauce ziehen lassen.

In einer Pfanne das Öl erhitzen und die Blunzen darin beidseitig knusprig anbraten. Dabei darf die Haut ruhig platzen, die Krusten schmecken nämlich besonders herzhaft.

Die Blunzen mit der Sauce anrichten. Dazu passen geröstete Erdäpfel, Quetschkartoffeln oder ein feines Erdäpfelpüree.

Geröstete Erdäpfel

½ kg speckige Erdäpfel kochen und schälen. ½ Zwiebel fein würfeln. In einer Pfanne 1 EL Butter zergehen lassen, die Zwiebel darin glasig dünsten. Die Erdäpfel in Scheiben schneiden und mit großzügig Salz und einer Prise Kümmel knusprig rösten. Wenn die gekochten und geschälten Erdäpfel vor dem Anbraten ein wenig Zeit zum Rasten hatten, werden die „G'rösteten" nicht matschig, sondern behalten ihre speckige Konsistenz.

Quetschkartoffeln

Wenn's besonders schnell gehen soll, dann werden die Erdäpfel in der Schale gekocht, geschält und gemeinsam mit Butter, Salz, Kümmel und Kräutern mit dem Kartoffelstampfer grob zerquetscht. Fertig!

Das Rezept für das Erdäpfelpüree finden Sie auf Seite 58.

Specklinsen

200 g Linsen
1 Zwiebel
70 g Speckwürfel
1 EL Butter
1 EL Mehl
1 TL Aceto balsamico
Salz, Pfeffer
1 TL Thymian gerebelt, 1 Lorbeerblatt

für die Spiegeleier:
2 Eier
1 TL Butter
Salz, Pfeffer, Schnittlauch

Die Linsen abspülen, mit Lorbeerblatt und Thymian in Salzwasser bissfest kochen (Dauer nach Packungsanweisung). Abseihen und 1 Tasse Kochwasser auffangen. Die Linsen kurz mit kaltem Wasser abschrecken, damit sie nicht nachgaren.

In der Zwischenzeit eine klein gewürfelte Zwiebel in geschmolzener Butter anlaufen lassen. Die Speckwürfel dazugeben und ebenfalls kurz mitrösten. Mit Mehl stauben, gut durchrühren und mit etwas Kochwasser von den Linsen aufgießen. Den Aceto balsamico und die Linsen dazugeben. Mit Salz und Pfeffer abschmecken und je nach Konsistenz noch Kochwasser dazugeben.

In einer Pfanne Butter erhitzen und Eier hineinschlagen. Die Temperatur zurücknehmen und die Spiegeleier langsam braten. Nach 2 Minuten für 30 Sekunden einen Deckel auf die Eier geben, um die Dotter zu garen. Dann die Temperatur nochmals erhöhen, damit das Eiweiß durchgart. Mit Schnittlauch bestreuen, salzen und pfeffern. Je ein Spiegelei auf die Specklinsen setzen.

Schweinsschopf im Biersaft'l

2 Scheiben Schweinsschopf, etwa 2 cm dick
2 EL Schweine- oder Butterschmalz
0,33 l Bier
1 EL Kümmel
1 TL Butter
Salz

für die Erdäpfel-Knödel:
1 kg mehlige Erdäpfel
200–250 g Erdäpfelmehl (Kartoffelstärke)
Salz

Die Erdäpfel schälen und in Salzwasser garen. Noch warm durch die Kartoffelpresse drücken und mit dem Erdäpfelmehl vermischen. Knödel formen und auf ein bemehltes Brett legen.

Den Schweinsschopf großzügig auf beiden Seiten salzen. Das Backrohr auf 80 °C vorheizen. In einer Pfanne Schmalz (oder Öl) erhitzen und die Fleischscheiben auf beiden Seiten kräftig anbraten, bis sie goldbraun sind. Auf einen Teller legen und im Backrohr mindestens 15 Minuten rasten lassen.

Nun die Knödel in gesalzenem Wasser wallend kochen, bis sie nach oben steigen. Je nach Größe dauert dies 10-15 Minuten. Die Knödel mit der Schöpfkelle aus dem Topf in ein Sieb heben. Wenn Sie für den Saft noch etwas länger brauchen, geben Sie den Topfdeckel auf die Knödel, damit sie warm bleiben.

Währenddessen in der Pfanne den Bratensatz mit Bier aufgießen, Kümmel hinzufügen und kräftig kochen, bis sich der Saft auf etwa ¼ einreduziert. Wenn Ihnen das Biersaft'l zu bitter ist, mit 1 TL Zucker würzen. Nun das Fleisch aus dem Rohr nehmen und den ausgetretenen Saft zurück in die Pfanne geben, noch einmal kurz aufkochen und dann die Temperatur zurücknehmen. 1 TL kalte Butter einrühren (das nennt man „den Saft mit Butter montieren").

Nun das Fleisch mit den Knödeln anrichten und mit dem Saft servieren. Wenn Sie helfende Hände oder noch etwas Zeit haben, dann passt dazu hervorragend ein ...

Kalter Krautsalat

Man nehme einen Kopf Weißkraut. Dieser wird vom Strunk und den Außenblättern befreit, fein geschnitten und gewaschen. Abtropfen lassen und in eine große Schüssel geben. Mit 1 ½ EL Salz und 2 TL Kümmel bestreuen und gut durchkneten. 10 Minuten rasten lassen. 150 g Speckwürfel anbraten. Je 5 EL Essig und Wasser, 2 TL Zucker sowie 3 EL Rapsöl zum Kraut geben und gut vermischen. Wenn nötig nachsalzen und mit den Speckwürfeln garnieren.

Zu viele Knödel gemacht?

Nun, die Menge von 1 kg Erdäpfeln reicht eigentlich als Beilage für 4 Personen. Dennoch lohnt es sich, gleich eine größere Menge zuzubereiten. Sie können die Knödel ungekocht einfrieren oder zugedeckt einen Tag im Kühlschrank aufbewahren.

Speckknöderl mit Krautsalat

4 Portionen

⅛ l Wasser
⅛ l Milch
60 g Butter
250 g Mehl
2 Eidotter
1 Prise Salz

für die Fülle:
150 g Speckwürfel
2 Schalotten oder kleine Zwiebeln
2 EL gehackte Petersilie

In einem Topf Wasser, Milch, Butter und Salz aufkochen. Die Herdplatte ausschalten und das Mehl mit einem Kochlöffel kräftig einrühren, bis sich ein großer Klumpen bildet, der sich vom Topfrand löst. Den Topf vom Herd nehmen und den Teig überkühlen lassen. Nun die Eidotter einzeln einarbeiten, bis wieder ein geschmeidiger Teig entsteht.

Schalotten fein hacken, mit den Speckwürfeln und der Petersilie vermischen. Zu kleinen Kugeln formen (maximal 3 cm Durchmesser). Eine walnussgroße Menge Teig in der Hand flachdrücken, die Füllung einlegen, den Teig zusammenfügen und Knödel drehen. In leicht kochendem Wasser 10 Minuten garen.

Mit dem köstlichen Krautsalat von Seite 47 servieren.

Ein Tipp für Knödelprofis: Wenn Sie die Füllung für eine Stunde ins Gefrierfach geben, wird das Formen der Knödel einfacher, weil die Fülle nicht auseinanderfallen kann.

Bröselkarfiol

1 mittelgroßer Karfiol
1 Ei
Salz, Pfeffer
Schnittlauch

<u>für die Butterbrösel:</u>
2 EL Butter
6 EL Semmelbrösel

Das Ei 8–10 Minuten hart kochen, abschrecken und auskühlen lassen. Dann fein hacken.

Karfiol von Blättern und Strunk befreien und in große Rosen zerteilen. In einem Topf Wasser mit 2 EL Salz zum Kochen bringen und den Karfiol bissfest kochen. Das dauert etwa 6–8 Minuten.

In dieser Zeit in einer beschichteten Pfanne die Butter schmelzen und die Brösel dazugeben. Bei niedriger Hitze langsam rösten, bis die Brösel Farbe annehmen.

Den heißen Karfiol abtropfen lassen. In die Pfanne geben und vorsichtig in den Bröseln wenden. Die Karfiolröschen auf zwei Teller verteilen, mit gehacktem Ei und Schnittlauch bestreuen. Je nach Geschmack mit Salz und Pfeffer würzen.

Eierschwammerl auf Polenta

200 g Eierschwammerl
200 g Polenta (Maisgrieß)
je 0,4 l Milch und Wasser
3 EL Butter
100 g Parmesan, gerieben
1 EL Thymian, gerebelt
100 g Spinat
1 TL Olivenöl
Salz, Pfeffer, Muskatnuss

---

1 EL Butter in einem Topf schmelzen und die Polenta darin anschwitzen. Sogleich mit Milch und Wasser angießen, salzen, den Thymian hinzufügen und auf niedriger Temperatur etwa 30 Minuten quellen lassen. Dabei die Polenta immer gut umrühren, damit sich diese nicht am Topfboden anlegt.

Währenddessen in einer Pfanne 1 EL Butter schmelzen und die geputzten Eierschwammerl anbraten. Salzen, pfeffern und etwa 10 Minuten bei mittlerer Hitze braten. Dabei sollte die entstehende Flüssigkeit langsam verdampfen.

In einer beschichteten Pfanne das Olivenöl erhitzen und den gewaschenen, abgetropften Spinat hineingeben. Salzen, pfeffern und etwas Muskatnuss darüber reiben, nach 2-3 Minuten fällt der Spinat zusammen und ist fertig.

Nun noch die Polenta mit 1 EL Butter und Parmesan verfeinern und alles schichtweise anrichten.

Wildragout mit Heidelbeeren

200 g Schulter oder Schlögel von Hirsch oder Reh
2 Karotten
2 Petersilienwurzeln
3 Schalotten
3 Knoblauchzehen
2 EL Öl
6 Wacholderbeeren, 1 Lorbeerblatt
Salz, Pfeffer, 3 Thymianzweige
Je ¼ l Rotwein (z. B. Blaufränkisch) und Wasser
3 EL getrocknete Heidelbeeren
1 EL Maisstärke

Vorbereitung: Die Heidelbeeren in lauwarmem Wasser einweichen - über Nacht oder mindestens 3 Stunden.

Karotten und Petersilienwurzeln zuputzen und in 2-3 cm große Stücke schneiden. Schalotten und Knoblauch schälen und ebenfalls grob schneiden. Das Fleisch in ca. 3 cm breite Würfel schneiden, salzen und in heißem Öl anbraten. Das Gemüse kurz mit anrösten, die Gewürze und die Heidelbeeren mitsamt der Flüssigkeit hinzufügen. Mit Rotwein und Wasser aufgießen.
45 Minuten zugedeckt schmoren.

Fleisch und Gemüse abgießen, zurück in den Topf geben, vom Herd nehmen und zudecken. Die Sauce auf etwa ⅔ der Menge einkochen. 1 EL Maisstärke mit kaltem Wasser verrühren, zur Sauce geben und kurz aufkochen lassen. Je nach Gusto noch mit 2 EL Schlagobers verfeinern, Fleisch und Gemüse wieder in die Sauce geben und erwärmen. Mit Bandnudeln oder Semmelknödeln servieren.

Geselchtes mit Erdäpfelpüree

4 Portionen

1 kg Selchfleisch (Rollschinken oder Kaiserteil)
6 Wacholderbeeren, 2 Lorbeerblätter, Salz

für das Erdäpfelpüree:
1 kg mehlige Erdäpfel
0,3–0,4 l Milch
2–3 EL Butter
Muskatnuss, Salz

Das Fleisch mit den Gewürzen in kochendes Wasser geben und zugedeckt 1 Stunde wallend kochen lassen. Vom Herd nehmen und weitere 30 Minuten zugedeckt ziehen lassen.

Die Erdäpfel schälen und in Salzwasser garen. Noch warm durch die Kartoffelpresse drücken. Milch erwärmen (nicht kochen). Die gepressten Erdäpfel mit Salz und geriebener Muskatnuss würzen und nach und nach warme Milch einrühren, bis die Masse schön sämig ist. Das gelingt am besten mit einem Schneebesen. Zum Schluss Butter ins Püree einrühren und nochmals mit Salz abschmecken.

Das Fleisch aus der Suppe nehmen, in Scheiben schneiden, mit etwas Suppe übergießen und mit dem Püree servieren. Dazu passt hervorragend ein Rote Rüben- oder grüner Salat.

Geröstete Zwiebeln dazu?

Schmeckt hervorragend! So einfach geht's: Rösten Sie eine in feine Ringe geschnittene Zwiebel in 1 EL Butter und 1 Öl an. Die Zwiebel darf Farbe nehmen, aber nicht anbrennen.

Auf dem Erdäpfelpüree anrichten.

Zu viel Fleisch?

Kein Problem, dann gibt's vom Rest am nächsten Tag herrliche Schinkennudeln oder ein Erdäpfel-G'röstl.

Und die Suppe?

Aus der wird als Vorspeise oder am nächsten Tag eine herrliche Rahmsuppe: ¾ l Selchsuppe mit 1 TL Kümmel (im Ganzen) aufkochen. ¼ l Sauerrahm mit 2 EL Mehl verquirlen und in die kochende Selchsuppe einrühren. Mit Salz abschmecken. Mit Schwarzbrotwürfeln und Schnittlauch servieren.

Gratinierte Schinkennudeln

4 Portionen

300 g Hörnchen, Fleckerl oder Spiralnudeln
400 g Schinken, Geselchtes oder Teilsames
50 g Butter (zimmerwarm)
3 Eier
¼ l Sauerrahm
Salz, Pfeffer, etwas Muskatnuss
Petersilie oder Majoran
Butter und Brösel für die Form

Die Teigwaren bissfest kochen, besser eine Minute weniger als auf der Packung angegeben. Abseihen und kalt abschrecken, damit sie nicht weiter garen.

Die Eier trennen und die Eiweiße zu Schnee schlagen. Butter schaumig rühren, klein geschnittenen Schinken, Dotter, Gewürze und Rahm dazugeben und gut verrühren. Nudeln und die gehackten Kräuter hinzufügen und den Schnee vorsichtig unterheben.

Eine feuerfeste Form buttern und mit Bröseln ausstreuen. Die Masse einfüllen und im vorgeheizten Rohr bei 180 °C Ober- und Unterhitze etwa 45 Minuten backen. Mit grünem Salat servieren.

VOM WANDERN UND JAUSNEN

In die Berg bin i gern

... und damit sich auch das Gemüt freut, muss unbedingt eine gute Jause mit. Denn was gibt es Feineres, als sich nach einer (mehr oder weniger) kräftezehrenden Wanderung in die Wiese zu setzen und zu stärken.

Meine Mama hat uns bei Ausflügen hin und wieder mit der Luxusvariante an Proviant ausgestattet: Fleischlaiberl. Allerdings war es etwas riskant, denn die am Vortag zubereiteten Kostbarkeiten mussten gut versteckt werden, damit sie nicht auf mysteriöse Weise über Nacht verschwanden, bevor sie ihrem eigentlichen Zweck dienen konnten. Sicherheitshalber hat sie die Fleischlaiberl dann direkt am Wandertag um 6 Uhr früh gemacht. Hut ab!

Jede Rast ein Fest

Mit einer altbackenen Semmel fängt alles an. Grob zerteilen und in Wasser einweichen. Eine fein gehackte Zwiebel in 1 EL Butter anschwitzen, gehackte Petersilie dazugeben. 1 kg gemischtes Faschiertes mit der ausgedrückten Semmel, 2 Eiern, der Zwiebelmasse, Salz, Pfeffer und reichlich Majoran vermischen. Gleich große Kugeln formen, flachdrücken und in Semmelbröseln wenden. In Öl knusprig braten, auskühlen lassen – und in Sicherheit bringen!

Sauer macht lustig

Fermentieren ist eine uralte Methode, um Lebensmittel zu konservieren. Noch lange bevor es Kühlschränke gab, sorgten Sauerkraut & Co. das ganze Jahr über für abwechslungsreiche Kost und viele Vitamine.

Selbst Gemüse zu fermentieren, ist anfangs ein kleines Abenteuer, denn die verschiedenen Gemüse entwickeln recht interessante Geschmacksnuancen. An Grundausstattung braucht es nicht viel: Fermentationsgewichte aus Glas sind günstige Helferlein, können aber auch durch Teller ersetzt werden. Drahtbügelgläser mit Gummi sind praktisch, aber auch mit Schraubgläsern funktioniert's.

Radieschen hoch zwei

Für drei Bund Radieschen brauchen Sie 1 Liter Wasser, 20 g Salz und 1 TL Senfkörner. Die Radieschen waschen und vierteln oder halbieren. Salz in lauwarmem Wasser auflösen.

Radieschen zusammen mit Senfkörnern in ein Einmachglas schichten. Mit einem Fermentationsgewicht beschweren und mit Salzlake aufgießen, sodass die Flüssigkeit noch gut 1 cm über den obersten Radieschen ist. Gläser ohne Gummi verschließen und fünf bis sieben Tage bei Raumtemperatur stehen lassen, damit die Fermentation in Gang kommt. Danach den Gummi einlegen und die Gläser kühl stellen (im Keller oder im Kühlschrank) und mindestens zwei bis drei Wochen warten. Dann sind die Radieschen fertig und können gut ½ Jahr gekühlt gelagert werden. Nach dem Öffnen rasch genießen.

Genuss auf Vorrat

Eine simple Variante ohne geschmackliche Überraschungen ist die Zubereitung mit einem Essigsud. 0,5 l Essig und 0,8 l Wasser werden mit 3 TL Salz, 3 TL Pfefferkörnern, 1 TL Wacholderbeeren, 3 EL Senfkörnern, 6 Gewürznelken, 3 Lorbeerblättern und 110 g Zucker aufgekocht. Die ins Einmachglas geschichteten Radieschen werden mit dem noch warmen Sud (inklusive der Gewürze) übergossen und rasten 3 Wochen in Kühlschrank oder Keller.

Kleine, feine Kostbarkeiten

Beim Fermentieren oder Einlegen wandert die rote Farbe der Radieschen von außen nach innen, sodass sie schon nach wenigen Tagen durchgängig rosa sind.

Auf diese Weise können Sie unterschiedlichste Gemüse wie Karfiol, Zucchini, Kürbis und viele andere haltbar machen. Je weniger Wasser das Ausgangsmaterial hat, desto knackiger wird das Ergebnis. Auch Blütenknospen (Gänseblümchen, Löwenzahn, Bärlauch) können Sie auf diese Weise zu „falschen Kapern" einlegen.
Eine Delikatesse!

Sommer im Glas

Eine perfekte Erfrischung an heißen Tagen ist ein – am besten gut gekühltes! – Kompott. Man nehme, was Garten oder Obstschüssel bieten: Pfirsiche, Marillen, Zwetschken, Ringlotten, Äpfel, Birnen und/oder Kirschen.

Die Früchte waschen, gegebenenfalls in mundgerechte Stücke schneiden und in einen Topf geben. Die Schale einer halben Bio-Zitrone dazugeben, 3 Nelken und etwas Zucker nach Wunsch.

Mit Wasser aufgießen, sodass die Früchte knapp bedeckt sind.
1 Minute aufkochen und die Herdplatte zurückschalten. Zudecken und auf diese Weise weitergaren lassen.

In Einmachgläser füllen und in den Kühlschrank stellen. Meine Mama gab vor dem Einpacken des Proviants immer ein paar Eiswürfel ins Glas. So blieb das Kompott auch unterwegs lange gut gekühlt.

ZU GUTER LETZT

Kaiserschmarrn

4 Eier
250 g Mehl
⅛ l Milch
1 Prise Salz
3 EL Rosinen
je 1 EL Butter und Öl

außerdem:
Staubzucker zum Bestreuen

Wenn Sie ausreichend Zeit zur Vorbereitung haben, sollten Sie die Rosinen in Apfelsaft, Rum oder Portwein eine Stunde (oder über Nacht) einweichen.

Dotter vom Eiweiß trennen. Milch, Dotter und Mehl miteinander verquirlen. Die Rosinen abtropfen lassen und zusammen mit einer Prise Salz zum Teig geben. Die Eiweiße zu einem steifen Schnee schlagen. Zuerst ⅓ und danach den Rest unter den Teig ziehen.

In einer beschichteten Pfanne das Fett erhitzen, den Teig eingießen und auf einer Seite goldgelb backen. Dann den Teig wenden: Dazu teile ich den Teig in vier Segmente, dann geht das viel einfacher. Nun auf der zweiten Seite backen und nach etwa 2 Minuten den Teig mit zwei Gabeln in Stücke reißen und weiterbacken, bis er gar ist. Vom Herd nehmen und 1 Minute rasten lassen.

Großzügig mit Staubzucker bestreuen.

Ich schätze mich glücklich, weil ich ihn mit selbstgemachtem Zwetschkenröster von meiner Mama servieren kann. Aber auch Apfelmus oder ein Kompott passen hervorragend dazu.

Überbackene Waldbeeren

2 Eier
30 g Staubzucker
4 EL Sauerrahm
2 TL Mehl
2 Handvoll gemischte Beeren
Butter für die Form
Staubzucker zum Bestreuen

Kleine feuerfeste Förmchen mit Butter einfetten. Das Backrohr auf 180 °C Ober- und Unterhitze vorheizen.

Eier mit Zucker schaumig schlagen. Danach den Rahm und das Mehl unterrühren, bis ein homogener, flüssiger Teig entsteht.

Die Beeren verlesen und säubern, aber nicht waschen. Das würde dem herrlichen Aroma der frischen Früchte aus Garten oder Wald schaden.
Die Beeren in die Formen füllen und den Teig darüber verteilen.

Im Ofen etwa 30 Minuten goldgelb backen. Die Dauer hängt von der Größe der Auflaufförmchen ab. Etwas auskühlen lassen, mit Staubzucker bestreuen und in der Form servieren.

Diese Nachspeise lässt sich hervorragend vorbereiten – ist also sehr praktisch, wenn Sie Besuch haben. Sie können auch anderes Obst dafür verwenden – zum Beispiel Kirschen, Marillen oder Pfirsiche.

Liwanzen mit Topfencreme

4 Portionen

½ Würfel Germ (10 g)
1 Ei + 1 Eidotter
½ l Milch, lauwarm
40 g Staubzucker
1 Prise Salz
300 g Mehl
30 g zerlassene Butter
Öl oder Butterschmalz zum Backen

<u>für die Topfencreme:</u>
125 g Topfen
2 EL Sauerrahm
½ Bio Zitrone
2 TL Zucker

Germ in ein Häferl bröseln, mit 2 EL warmer Milch, 1 TL Zucker und 1 EL Mehl glattrühren. An einem warmen Ort ca. 15 Minuten zu einem Dampfel gehen lassen.

Butter, Eier, Eidotter, Salz und Dampfel in einer Schüssel gut verrühren. Abwechselnd Mehl und Milch hinzufügen, sodass ein glatter, dickflüssiger Teig entsteht. Diesen zugedeckt an einem warmen Ort ca. 30 Minuten gehen lassen.

Je 1 TL Öl in jede Vertiefung der heißen Liwanzenpfanne geben und mit Teig befüllen. Die Liwanzen bei mittlerer Temperatur beidseitig goldgelb backen.

Für die Creme den Topfen mit Rahm, Saft und abgeriebener Schale der Zitrone sowie Zucker verrühren. Die noch warmen Liwanzen mit Staubzucker bestreuen. Mit der Topfencreme und frischen (oder pürierten) Beeren anrichten.

REGISTER DER REZEPTE